BEI GRIN MACHT SICH IH
WISSEN BEZAHLT

- Wir veröffentlichen Ihre Hausarbeit,
  Bachelor- und Masterarbeit

- Ihr eigenes eBook und Buch -
  weltweit in allen wichtigen Shops

- Verdienen Sie an jedem Verkauf

Jetzt bei www.GRIN.com hochladen
und kostenlos publizieren

Bibliografische Information der Deutschen Nationalbibliothek:

Die Deutsche Bibliothek verzeichnet diese Publikation in der Deutschen National-bibliografie; detaillierte bibliografische Daten sind im Internet über http://dnb.d-nb.de/ abrufbar.

Impressum:

Copyright © 2011 GRIN Verlag
Druck und Bindung: Books on Demand GmbH, Norderstedt Germany
ISBN: 9783656103721

Florian Kurtz

IT-Strategie - Skizzierung einer IT-Strategie für ein kleines Softwarehaus

GRIN Verlag

GRIN - Your knowledge has value

Der GRIN Verlag publiziert seit 1998 wissenschaftliche Arbeiten von Studenten, Hochschullehrern und anderen Akademikern als eBook und gedrucktes Buch. Die Verlagswebsite www.grin.com ist die ideale Plattform zur Veröffentlichung von Hausarbeiten, Abschlussarbeiten, wissenschaftlichen Aufsätzen, Dissertationen und Fachbüchern.

Besuchen Sie uns im Internet:

http://www.grin.com/

http://www.facebook.com/grincom

http://www.twitter.com/grin_com

IT-Strategie –
Skizzierung einer IT-Strategie für ein kleines Softwarehaus

Assignment
Im Modul IMG02 – IT-Strategie, -Planung und Controlling

Verfasser
Florian Kurtz

Abgabedatum
21. November 2011

Inhaltsverzeichnis

Abbildungsverzeichnis

Abkürzungsverzeichnis

Abb.	Abbildung
BCG	Boston Consulting Group
et al.	et alia
IKT	Informations- & Kommunikationstechnik
IM	Informationsmanagement
IS	Informationssysteme
IT	Information & Telekommunikation
usw.	und so weiter
Vgl.	Vergleich
z.B.	zum Beispiel

1 Einleitung

Die Bedeutung der IT für die Unternehmensplanung und die Unternehmensstrategie ist in den letzten Jahren immer weiter gewachsen und wird in den kommenden Jahren auch immer noch weiter zunehmen. Diese Entwicklung resultiert sowohl aus der immer größer werdenden Dynamik der Märkte, als auch aus der immer weiter fortschreitenden Globalisierung der Unternehmen.

Des Weiteren stellt die immer größer werdende Informationsflut, die ein Unternehmen zu bewältigen hat, eine immer größere Herausforderung dar und kann ohne eine ausreichende IT-Unterstützung nicht mehr in angemessener Zeit bewältigt werden.

Auf diese Marktentwicklungen müssen Unternehmen schnell und flexibel reagieren können um im Wettbewerb bestehen zu können. Hierbei kann eine auf das Unternehmen abgestimmte IT-Strategie bzw. ein speziell auf das Unternehmen ausgerichtetes IT-Managementmodell einen entscheidenden Wettbewerbsvorteil mit sich bringen.

In vielen Geschäftsbereichen ist die IT längst nicht mehr nur als Unterstützungsfunktion zu sehen, sondern hat sich zum Werttreiber des Geschäfts oder sogar zum Geschäft selbst weiterentwickelt.[1]

Dieses Assignment befasst sich aus diesem Grund mit der Vorgehensweise und Methodik zur Entwicklung eines IT-Modells.

Ziel dieses Assignments ist die kritische Auseinandersetzung mit dem Modell des IT-Managements nach Hoffmann und Schmidt. Hierbei soll das Modell in seinen Grundzügen beschrieben und Erweiterungs- und Modifikationsmöglichkeiten, sofern vorhanden, aufgezeigt werden.

Die von den beiden Autoren gewählte Vorgehensweise soll in dieser Arbeit nicht nur theoretisch beschrieben, sondern auch praxisnah anhand eines kleinen Softwarehauses ausgeprägt werden.

---

[1]Vgl. Tiemeyer, Ernst, 2009, S. 40

1

2 Bedeutung der IT-Strategie im Rahmen des IT-Managements

In diesem Kapitel geht es vorrangig um die Diskussion des IT-Management-Modells nach Hoffmann & Schmidt. Hierbei wird zuerst das Modell allgemein erläutert und eine Begriffsdefinition zu IT-Management und IT-Strategie gegeben, um ein gemeinsames Verständnis der beiden Begriffe zu erlangen. Ferner soll das Modell kritisch diskutiert werden und Verbesserungspotentiale bzw. Erweiterungsmöglichkeiten, die für das Modell für möglich erscheinen, aufgezeigt werden.

2.1 IT-Management und IT-Strategie

2.1.1 Definition IT-Management

IT-Strategieentwicklung gehört thematisch zum Schwerpunkt IT-Management. Aus diesem Grund wird nachfolgend ein kurze Definition für IT-Management gegeben:

„Das Management der IT-Landschaft schafft einen Überblick über die Strukturen innerhalb der IT und deren Zusammenspiel mit dem Business. Es stellt ein Instrumentarium für die Planung und die Steuerung der Weiterentwicklung der IT-Landschaft im Kontext des IT-Managements bereit."[2]

Das IT-Management stellt nach dieser Definition das Rahmenwerk und die Methoden für die IT-Strategieentwicklung, -planung und -verbesserung bereit. Des Weiteren soll durch das Modell des IT-Managements sichergestellt werden, dass die IT die eigentliche Wertschöpfung des Unternehmens unterstützt und mit dieser Hand in Hand arbeitet.

---

[2] Hanschke, Inge, 2009, S.2

2.1.2 Definition IT-Strategie

„Unter IT-Strategie wird eine Strategie für die betriebliche Informationsverarbeitung und Kommunikation verstanden, um langfristig einen hohen Wertbeitrag der IT-Ausgaben für das Unternehmen zu gewährleisten. Die IT-Strategie gibt dabei die Rahmenbedingungen für das Management der Informationstechnologie eines Unternehmens vor und zeigt den Umfang und die Richtung zukünftigen Handelns auf."[3]

Aus der oben genannten Definition der IT-Strategie geht hervor, dass die IT-Strategie als eine Richtung bzw. als ein Weg zu verstehen ist und kein fest definiertes Ziel vorgibt. Eine wichtige Grundlage für den Beitrag der IT zur Unternehmenswertschöpfung ist es, dass die IT-Strategie aus der Unternehmensstrategie abgeleitet wird und man dadurch ein gemeinsames Vorgehen zwischen Unternehmensplanung und IT erreicht.

2.2 IT-Management Modell

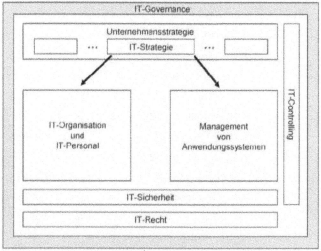

Abbildung 1: IT-Management Modell[4]

---

[3] o.V. 2011a
[4] Hofmann, Jürgen et al., 2010, S. 3

2.2.1 Einordnung der IT-Strategie im Modell des IT-Managements

Nach dem in Abbildung 1 gezeigten Modell des IT-Managements nach Hoffmann & Schmidt ist zu erkennen, dass sich die IT-Strategie aus der Unternehmensstrategie ableitet. Dieses Vorgehen hat den Vorteil, dass nicht zwei parallele Strategien in einem Unternehmen enstehen können, die sich nicht ergänzen bzw. zusammenwirken.

Die Wechselwirkung der IT-Strategie mit der Unternehmenstrategie ist insofern von großer Bedeutung, da die IT das Unternehmen bei seinen Aktivitäten unterstützen soll. Dadurch wird die benötigte Flexibilität und eine schnelle Reaktionszeit gegenüber den sich schnell ändernden Anforderungen am Markt gewährleistet. Dies kann heutzutage einen entscheidenden Wettbewerbsvorteil gegenüber den Mitbewerbern darstellen und somit die Möglichkeit schaffen, der Konkurrenz immer einen Schritt vorraus zu sein.

Die IT-Strategie gibt hierbei einen Rahmen für die wesentlichen Aufgaben vor, die sich nach diesem Modell in zwei Handlungsfelder aufteilen. Zum einen in die IT-Organisation und das IT-Personals und zum anderen in das Management von Anwendungssystemen.[5]

Dies hat zur Folge, das sowohl Entscheidungen bezüglich der Anwendungssysteme als auch des organisatorischen Aufbaus und des Personals von der gewählten IT-Strategie abhängen.

Hieraus wird ersichtlich, warum es von essentieller Bedeutung ist, das die IT-Strategie von der Unternehmensstrategie abgeleitet wird. Da nur hierduch gewährleistet werden kann, dass der organisatorische Aufbau, das Personal und die Anwendungssysteme zu den Anforderungen des Gesamtunternehmens passen.

---

[5] Vgl. Hofmann, Jürgen et al., 2010, S. 4

2.2.2 Weitere Aspekte des IT-Management Modells

Als Querschnittsthemen werden hier die IT-Sicherheit und das IT-Recht genannt, die in beiden Hauptaufgabenfeldern der IT-Strategie zu berücksichtigen sind.

Diese Querschnittsthemen sind bei der Entwicklung einer IT-Strategie nicht zu vernachlässigen, da unternehmensinterne Daten, wie z.b. Kundendaten, nicht an die Öffentlichkeit gelangen dürfen. Dies könnte einen großen Imageverlust bei den Kunden des Unternehmens bewirken. Des Weiteren ist zu jeder Zeit auf die aktuell durch den Gesetzgeber gegebene Rechtssprechung zu achten. Hierzu zählen z.b. das Bundesdatenschutzgesetz oder das Telekommunikationsgesetz.[6]

Das IT-Controlling flankiert hierbei die oben genannten Aufgabenfelder. Es hat dabei die Aufgabe ein System für die Unternehmensleitung bereit zu stellen, das die Planung, Überwachung und Steuerung aller IT-Aktivitäten übernimmt und diese transparent offenlegt.[7]

Den Gesamtrahmen um das Modell des IT-Managements bildet die IT-Governance. Sie stellt ein Rahmenwerk dar, dass die Anforderungen, die extern an die IT gestellt werden, mit den internen Fähigkeiten der IT miteinander abstimmt und damit in Balance hält. Sie nimmt damit die Rolle eines Vermittlers oder Übersetzers zwischen dem eigentlichen Business und der IT ein. Die IT-Governance leitet sich wiederum aus den Vorgaben der Corporate Governance ab.[8]

2.3 Kritische Diskussion des Modells

Das im vorigen aufgezeigte Modell von Hofmann & Schmidt stellt eine sehr abstrakte Sicht auf die IT-Strategie dar. Wie auch im Buch „Innovatives IT-Management" von

---

[6] Vgl. Witt, Bernhard C., 2006, S.1
[7] Vgl. Gadatsch, Andreas, 2005, S. 2
[8] Vgl. Niebuhr, Jens et al., 2010, S. 20

Frank Keuper et al. beschrieben, wird die IT-Strategie von mehreren Faktoren bein-
flusst, hier genannt werden z.b. Kunde, Lieferant und Wettbewerb.[9]
Diese Einflussfaktoren kommen in dem dieser Arbeit zu Grunde liegenden Modell
nicht vor. Es wird einzig die Abhängigkeit der IT-Strategie von der Unternehmensstrategie bzw. der IT-Governance beschrieben.

Ein weiterer verbesserungswürdiger Punkt stellt sich in der Starrheit des Modells dar.
Das IT-Management Modell stellt eine Übersicht über die einzelnen Objekte mit di-
versen Abhängigkeiten bereit. Allerdings handelt es sich beim IT-Management bzw. der IT-Strategie nicht um eine
starre Sicht, sondern um einen flexiblen und immer wiederkehrenden Prozess. Dieser
Prozess kann als in sich geschlossen nach den Methoden des Deming-Zyklus verein-
facht dargestsellt werden. Dieser gliedert sich in die Punkte Planen, Ausführen,
Überprüfen und Reagieren. Dadurch würde in das Modell des IT-Management ein
kontinuierlicher Verbesserungsprozess mit einfließen.

Zur Verdeutlichung, dass sowohl die Unternehmensstrategie als auch die IT-Strategie
den Zielen des Unternehmens untergeordnet sind und versuchen diese gemeinsam
bestmöglich zu erreichen, sollten in das Modell noch die Ziele des Unternehmens mit
aufgenommen werden.

Ferner sollte die sehr grobe Gliederung in die Hauptaufgabenfelder IT-Organisation /
IT-Personal und Management von Anwendungssystemen weiter verfeinert werden.
Natürlich können auch noch weitere Punkte in diese beiden Hauptaufgabenfelder
untergliedert werden. Allerdings sollte noch das Aufgabenfeld Management von IT-
Prozessen, das z.B. im Modell von Krcmar[10] vorhanden ist, dargestellt werden. Dieses

---

[9] Vgl. Keuper, Frank et al., 2010, S.61
[10] Vgl. Krcmar in Hoffmann J. et al., 2010, S. 3

stellt einen weiteres Hauptaufgabenfeld des IT-Managements dar, welches in diesem Modell aber fehlt.

Ein weiterer Punkt wäre die Anordnung der IT-Strategie. Die IT-Strategie ist das zentrale Element eines IT-Management-Modells und sollte daher auch als solches dargestellt werden. Dies würde dem Punkt Rechnung tragen, dass die IT-Strategie in einer Wechselbeziehung zu allen anderen Elementen wie der Unternehmensstrategie oder der IT-Organisation steht, und für diese sowohl die Rahmenbedingungen vorgibt, als auch umgekehrt die Unternehmensstrategie und die IT-Organisation Einfluss auf die IT-Strategie nimmt.

Als letzten Punkt möchte ich anführen, dass durch die isolierte Sicht, die das Modell nach Hofmann & Schmidt bietet, kein Einblick in die Gesamtzusammenhänge zwischen der IT und der eigentlichen Wertschöpfung des Unternehmens gegeben wird. Dies ist im serviceorientierten IT-Management Modell nach Zarnekow[11] der Fall, welcher klar zwischen Leistungserbringung und Leistungsabnahme unterscheidet.

2.4 Schlussfolgerung

Als Schlussfolgerung kann bezüglich des Modells des IT-Management nach Hoffmann & Schmidt gesagt werden, das es sich um ein sehr hochgradig abstrahiertes Modell handelt, das einen oberflächlichen ersten Eindruck über die komplexe Struktur des IT-Management gibt.

Durch die Komplexität des IT-Managements und seiner zahlreichen Einflussfaktoren ist es natürlich sehr schwierig, diese in einem einzigen Modell darzustellen. Allerdings könnten die oben genannten Kritikpunkte in das Modell mit einfliessen.

---

[11] Zarnekow in Hoffmann, J. et al., 2010, S. 2

3 Vorgehensweise zur Entwicklung eines IT-Modells

In Anlehnung an die Vorgehensweise zur Entwicklung einer IT-Strategie nach Hoffmann & Schmidt erläutert dieses Kapitel die allgemeinen Prozessschritte und deren Methoden zur Entwicklung einer IT-Strategie.

Des Weiteren soll ein kurzer Einblick über die verschiedenen Referenzmodelle zur IT-Strategieentwicklung gegeben werden.

3.1 Prozess der IT-Strategieentwicklung

Der Prozess der IT-Strategieentwicklung gliedert sich in 4 Punkte, die in nachfolgender Grafik als Prozess dargestellt werden und in den nächsten Unterkapiteln einzeln genauer beschrieben werden.

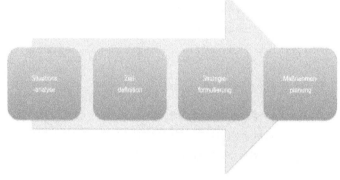

Abbildung 2: Prozess der IT-Strategieentwicklung[12]

Ein wichtiger prozessschrittübergreifender Punkt stellt die Abstimmung der IT-Strategie mit der Unternehmensstrategie dar. Die IT-Strategie sollte stets Hand in Hand mit der Unternehmensstrategie formuliert werden bzw. von deren Zielen abgeleitet sein. Nur auf diese Weise kann sichergestellt werden, dass die Unternehmens-IT die Wertschöpfung des Unternehmens optimal unterstützt.

---

[12] Eigene Darstellung

3.1.1 Definition des Betrachtungsbereichs

Den ersten Schritt bei der IT-Strategieentwicklung stellt die Definition eines Betrachtungsbereichs dar, den sogenannten Scope.

Hierbei geht es vor allem darum, ob es sich um eine IT-Strategieentwicklung auf Unternehmensebene oder auf der Ebene einer einzelnen Organisationseinheit handelt. Die IT-Strategie kann bei Bedarf hierbei je nach Größe des Unternehmens auf drei Teilstrategien aufgeteilt werden: Die Informationssysteme Strategie, die Informations- und Kommunikationstechnik Strategie und die Informationsmanagement Strategie. Hierbei kann der Scope jeweils unterschiedlich für die drei Unterkategorien der IT-Strategie ausfallen. [13]

3.1.2 Situationsanalyse

Bei der Situationsanalyse werden aus fachlicher, technischer und organisatorischer Sicht die vorhandenen IT-Systeme analysiert. Daraus wird sowohl ein Ist- als auch ein Sollzustand der vorhandenen IT-Systemlandschaft erfasst. Hierbei kann auf zwei Schwerpunkte besonderen Wert gelegt werden: [14]

* Umfeldanalyse:

   Bei der Umfeldananlyse geht es vorrangig darum, interne und externe Veränderungen im Unternehmensumfeld zu analysieren und dabei abzuschätzen welche Auswirkungen diese Veränderungen auf die Unternehmens-IT haben. [15]

* Analyse des Beitrags der IT zum Unternehmenserfolg:

   Hiebei steht im Vordergrund zu analysieren, wie die IT eines Unternehmens zum Unternehmenserfolg beiträgt. Dies bedeutet konkret, es müssen die ak-

---

[13] Vgl. Hofmann, J. et al., 2010, S. 27 f.
[14] Vgl. Moormann, J. et al., 2007, S. 317
[15] Vgl. Moormann, J. et al., 2007, S. 318

tuellen Geschäftsprozesse des Unternehmens analysiert und betrachtet werden, inwiefern die IT diese im Moment unterstützt und wo noch Verbesserungspotential besteht.[16]

Zur Analyse können Instrumente des klassischen strategischen Managements, wie z.B. die Geschäftsprozessanalyse, die Boston Consulting Group Matrix usw. eingesetzt werden. Es kann entweder ein top-down, ein bottom-up oder ein inside-out Ansatz zur Analyse gewählt werden.[17]

3.1.3 Zieldefinition

Strategien sind zu formulieren, um einen Rahmen vorzugeben, wie Ziele im Unternehmen bzw. hier in der Unternehmens-IT erreicht werden können. Daher ist ein sehr wichtiger Schritt innerhalb der IT-Strategieentwicklung zu erreichende Ziele zu definieren. [18]

Einen wichtigen Punkt für die Zieldefinition stellen die Operationalisierung und die realistische Formulierung der Ziele dar. Sollten Ziele nicht realistisch, also unerreichbar formuliert werden, werden diese im Unternehmen keine Akzeptanz finden. Des Weiteren sollten die Ziele operationalisiert werden, d.h. die Ziele sollten in irgendeiner Form quantitativ messbar sein, um das Fortschreiten bzw. die Zielerreichung messen zu können.

3.1.4 Strategieformulierung

Ausgehend aus der oben genannten Zieldefinition kann die IT-Strategieformulierung erfolgen. Aus den definierten Zielen können hierbei die IS, ITK und IM-Strategie abgeleitet werden.

---

[16] Vgl. Moormann, J. et al., 2007, S. 318
[17] Vgl. Hofmann, J. et al., 2010, S. 29
[18] Vgl. Hofmann, J. et al., 2010, S. 55

In den meisten Fällen besitzen Unternehmen schon eine gewachsene IT-Landschaft. Deshalb stellt die hier formulierte IT-Strategie mit ihren Teilstrategien eine Überleitung zwischen dem jetzigen Zustand der IT zu einem zukünftig gewünschten Zustand dar. Hierbei sollte darauf geachtet werden, das bisherige Stärken weiter verbessert und identifizierte Schwächen ausgemärzt werden.[19]

3.1.5 Maßnahmenplanung

Nachfolgend zur IT-Startegie, die vorgibt was verändert werden soll, setzt die Maßnahmenplanung auf die konkrete Ausprägung, die z.b. durch die Formulierung von konkreten IT-Projekten, aufzeigt, wie die Strategie in der Praxis umgesetzt werden soll. Hierbei sind die IT-Projekte zu sammeln und z.b. in ein IT-Projektportfolio zu übertragen.[20]

Zum Abschluss der Maßnahmenplanung sollte noch eine Bewertung der identifizierten Projekte stattfinden, um die Reihenfolge, in der die IT-Projekte umgesetzt werden, zu identifizieren, da es in Unternehmen meist weder sinnvoll noch machbar ist alle IT-Projekte auf einmal zu realisieren.

4 Fallbeispiel

Die praktische Umsetzung der IT-Strategieentwicklung, die theoretisch im vorangegangenen Kapitel gegeben wurde findet in diesem Kapitel statt. Hier soll aufgezeigt werden, wie ein kleines Softwarehaus zu einer für dieses Unternehmen passenden IT-Strategie kommt.

4.1 Ausgangslage

Für ein kleines Softwarehaus soll eine passende IT-Strategie entwickelt werden. Dieses Softwarehaus entwickelt und vertreibt online basierte Office Lösungen nutzt aber

---

[19] Vgl. Hofmann, J. et al., 2010, S. 68
[20] Vgl. Hofmann, J. et al., 2010, S. 69 f.

11

dennoch intern die Office Lösungen des Marktführers. Des Weiteren ist keine geeignete unternehmensübergreifende ERP-Software vorhanden. Daher werden Auswertungen per Excel erstellt. Dies soll sich in naher Zukunft ändern.

Des Weiteren ist ein Wachstum des Unternehmens in den Bereichen Beratungsleistungen und Seminare geplant, was die Notwendigkeit eines ERP-Systems weiter verdeutlicht.[21]

4.2 Entwicklung eines IT-Managementmodells für ein kleines Softwarehaus

4.2.1 Definition des Betrachtungsbereichs

Der konkrete Betrachtungsbereich für das vorgegebene Fallbeispiel erstreckt sich über das Gesamtunternehmen, da es keinen Sinn machen würde bei einem kleinen Unternehmen mit 20 Mitarbeitern die IT-Strategie künstlich in verschiedene noch kleinere Geschäftseinheiten aufzuteilen.

Daher reicht eine IT-Strategie aus, die die IS-, ITK- und IM-Strategie in einem umfasst.

4.2.2 Situationsanalyse

Umfeldanalyse

Zur Umfeldanalyse des in der Aufgabe erwähnten Softwarehauses kann angenommen werden, dass der Softwaremarkt sehr dynamisch ist und durch eine sehr große Anzahl von Mitbewerbern gekennzeichnet ist.

Daraus ergibt sich, dass das Unternehmen sich schnell an die Veränderungen des Marktes anpassen und dadurch sehr flexibel in seiner Ausrichtung der IT-Strategie sein muss.

---

[21] Vgl. Aufgabenstellung

Analyse des Beitrags der IT zum Unternehmenserfolg

Die IT leistet im Moment noch einen sehr kleinen Anteil zum Beitrag am Unternehmenserfolg, da sie bisher nicht die selbst entwickelten und vertriebenen Online Office Lösungen für die eigenen Mitarbeiter bereitstellt, sondern stattdesen auf Office-Lösungen des Marktführers zurückgreift. Durch die Verwendung von eigenen Lösungen ergäbe sich ein großes Einsparpotential für das Unternehmen.

Des Weiteren hostet das Unternehmen die Online-Lösungen über einen Service-Provider. Hierbei ist zu prüfen, ob sich dieses Outsourcing rechnet oder ob es günstiger wäre, die Produkte selbst zu hosten.

Ein weiterer Ansatzpunkt für die IT-Strategie ist eine geeignete ERP-Lösung durch die IT bereitzustellen, da durch die Erweiterung des Geschäftsfeldes weitere Analysemöglichkeiten benötigt werden die in Excel nur durch sehr hohen individuellen Aufwand realisierbar sind.

4.2.3 Zieldefinition

Aus den oben genannten Punkten ergibt sich folgende beispielhafte Zieldefinition für das Softwarehaus:

Ziel für IS-Strategie: Ablösung der Office Anwendungen eines Fremdanbieter durch die eigene entwickelte Online-Office Lösung. Einführung eines ERP-Systems zur konzerneinheitlichen Analyse.

Ziel für IKT-Strategie: Definition einer einheitlichen Architektur zum Hosting von unternehmensinternen- und Kundenanwendungen.

Ziel für IM-Strategie: Definition von geeigneten Ressourcen in der IT, auch im Bezug auf die geplante Portfolioerweiterung.

4.2.4 Strategieformulierung

Aus den im vorhergehenden Kapitel genannten Zieldefinitionen lassen sich folgende IT-Strategien ableiten:

IS-Strategie: Kosteneinsparung auf IT Ebene durch den Einsatz eigen entwickelter

Software.

IKT-Strategie: Dynamischere Skalierbarkeit des Applikations Hostings im Unternehmen nach Unternehmens- und Kundenbedürfnissen.

IM-Strategie: Bereitstellen optimaler IT-Ressourcen.

Allgemeine IT-Strategie:

Optimierung und Steigerung der Effizenz und Effektivität der IT durch Schaffung eines höheren Wertbeitrags der IT an der Unternehmenswertschöpfung.

4.2.5 Maßnahmenplanung

Schlussendlich müssen aus der Strategie Projekte aufgesetzt werden und diese nach ihrer Wichtigkeit priorisiert werden. Nachfolgend wird für jede Teilstrategie beispielhaft ein mögliches Projekt genannt und priorisiert:

Projekt für IS-Strategie (Prio 1): Migration der bisherigen Office-Lösung zur intern entwickelten Office-Lösung

Projekt für IM-Strategie (Prio 2): Aufbau der IT-Ressourcen

Projekt für IKT-Strategie (Prio 3): Vergleichsanalyse der Varianten eigen Hosting / Fremdhosting

5 Zusammenfassung und Ausblick

Zusammenfassend lässt sich sagen, dass die IT-Strategieentwicklung und das IT-Management sehr komplexe Themenfelder sind. Es muss stets darauf geachtet werden, dass die gewählte IT-Strategie die Unternehmensstrategie optimal unterstützt, um einen größtmöglichen Wertbeitrag der IT an der Unternehmenswertschöpfung zu erreichen.

Des Weiteren hat sich herauskristallisiert, dass die Entwicklung einer IT-Strategie keinen einmaligen Prozess darstellt, sondern viel mehr ein in sich geschlossener Prozesszyklus ist, indem die IT-Strategie immer wieder den aktuellen externen und internen Einflüssen angepasst und dahingehend verbessert werden muss.

Es stehen zu den einzelnen Prozessschritten der IT-Strategieentwicklung eine Vielzahl an Instrumenten und Methoden bereit, die die Umsetzung unterstützen. Es ist je nach Unternehmensgröße zu überprüfen, wieviel Zeit und damit Geld in die Entwicklung einer IT-Strategie gesteckt werden muss. Hierbei werden kleinere Unternehmen weniger Zeit und Geld aufwenden als große Aktiengesellschaften.

Ein Ausblick bezüglich dieses Themas kann insofern gegeben werden, als dass der hier beschriebene Prozess in den nächsten Jahren immer weiter an Bedeutung gewinnen wird, da sich die IT immer mehr weg vom Kostenfaktor im Unternehmen und hin zum Ermöglicher von Geschäftsprozessen und damit von Unternehmenswertschöpfung entwickelt.

Literaturverzeichnis

Gadatsch, Andreas (2005): IT-Controlling realisieren – Praxiswissen für IT-Controller, CIOs und IT-Verantwortliche. 1. Auflage Wiesbaden: Vieweg + Teubner Verlag.

Hanschke, Inge (2009): Strategisches Management der IT-Landschaft – Ein praktischer Leitfaden für das Enterprise Architecture Management. 1. Auflage München: Carl Hanser Verlag.

Hoffmann, Jürgen; Schmidt, Werner (2010): Masterkurs IT-Management - Grundlagen, Umsetzung und erfolgreiche Praxis für Studenten und Praktiker. 2. überarb. und erweiterte Auflage Wiesbaden: Vieweg + Teubner Verlag.

Keuper, Frank; Schomann, Marc; Zimmermann, Klaus (2010): Innovatives IT-Management – Management von IT und IT-gestütztes Management. 2. Auflage Wiesbaden: Gabler Verlag.

Moormann, Jürgen; Schmidt, Günter; (2007): IT in der Finanzbranche – Management und Methoden. 1. Auflage Heidelberg: Springer Verlag.

Niebuhr, Jens; Göldner, Axel; Schröder, Jürgen; Rüter, Andreas (2010): IT-Governance in der Praxis – Erfolgreiche Positionierung der IT im Unternehmen. 2. Auflage Heidelberg: Springer Verlag.

o.V. (2011a): HMD Praxis der Wirtschaftsinformatik - Gesamtglossar, unter: http://hmd.dpunkt.de/glossar/gesamt/i.php, Druckdatum: 05.11.2011

Tiemeyer, Ernst (2009): Handbuch IT-Management – Konzepte, Methoden, Lösungen und Arbeitshilfen für die Praxis. 4. überarb. und erweiterte Auflage München: Carl Hanser Verlag.

Witt, Bernhard C. (2006): IT-Sicherheit kompakt und verständlich – Eine praxisorientierte Einführung. 1. Auflage Wiesbaden: Vieweg + Teubner Verlag.

BEI GRIN MACHT SICH IHR WISSEN BEZAHLT

- Wir veröffentlichen Ihre Hausarbeit, Bachelor- und Masterarbeit

- Ihr eigenes eBook und Buch - weltweit in allen wichtigen Shops

- Verdienen Sie an jedem Verkauf

Jetzt bei www.GRIN.com hochladen und kostenlos publizieren